AF278517

LA
DÉMOCRATIE PACIFIQUE,

AVANT ET APRÈS LE VOTE POUR LA PRÉSIDENCE.

Lettre

A Mr V^{or} Considerant.

FIGEAC,
Décembre 1848.

IMPRIMERIE DE VITRAC ET JACOB.

1849

Monsieur ,

Et d'abord , je le déclare , je n'ai pas été un ennem
ardent de l'école de Fourier, j'ai travaillé au contraire au
succès de cette école de toute la puissance de mes convictions , je l'ai aidée de tous mes moyens ; vous en ave
assez de preuves entre les mains pour que de vous à mo
cette assertion doive suffire.

J'ajoute qu'aujourd'hui encore je crois fermement à
la puissance de l'association ; j'attribue, comme vous ,
la plus grande partie du mal sous lequel gémit l'humanité à la funeste influence d'un milieu social profondé-
ment corrompu ; comme vous, j'aspire depuis longtemps
à l'amélioration des sociétés.

Tel est notre but commun, n'est-il pas vrai? A cet
égard, nous apportons au public, même croyance, même
foi, mêmes affirmations.

Long-temps vous avez mis en œuvre, pour atteindre ce
but, les voies pacifiques. Jusqu'en février 1848, le titre
de votre journal a été une vérité. Aussi, avant cette
époque, vous avez compté d'honorables et rapides succès.

Il ne faut pas se le dissimuler, lorsque dans un siècle
perverti comme le nôtre par un sentiment d'égoïsme qui
ne connaît plus de bornes, une idée parvient à se faire
appuyer par une rente annuelle et complètement volontaire qui dépasse cent mille francs, il ne me paraît pas

possible d'admettre que cette idée n'a aucune puissance, qu'elle n'aura dans l'avenir aucune vertu.

Un homme à qui personne ne contestera d'être parfaitement compétent en matière d'argent, le rédacteur en chef de *La Presse*, a considéré ce fait comme un des plus singuliers de notre époque.

Comment se fait-il donc, monsieur, qu'avec la forme républicaine que vous avez reconnu se prêter mieux que toute autre à la réalisation de vos idées, forme dont je m'empresse de me déclarer le zélé partisan, votre influence ait décliné de plus en plus? Comment se fait-il qu'à la fin de septembre 1848, votre rente fut réduite de près des deux tiers et que vous ayez déclaré que quinze jours d'un pareil état devaient complètement arrêter votre marche?

Or, monsieur, si nous sommes d'accord sur les principes, si nous admettons l'un et l'autre l'excellence de l'idée, ne faudra-t-il pas conclure de là que ceux qui ont en mains les moyens de produire et de propager cette idée ont failli à leur tâche depuis février; que leurs procédés, bons avant cette époque, ont cessé de le devenir; que d'utiles qu'ils étaient, ils sont aujourd'hui compromettants.

Car enfin vous ne sauriez prétendre que, depuis dix mois, votre propagation écrite ou orale a été plus enchaînée que par le passé, que votre journal a été plus censuré sous le gouvernement de la république que sous celui de la monarchie. N'avez-vous pas au contraire profité de la diminution du timbre que le journalisme a demandée au pouvoir avec une exigence quelque peu exempte de délicatesse et de patriotisme? N'avez-vous pas eu la res-

source de la vente de votre feuille au numéro, ce q
n'existait pas sous la monarchie? Tout cela a du au
menter vos recettes; et cependant, vous l'avez avo
vous-même, vous êtes en décadence, votre marche e
sur le point d'être arrêtée.

Or, je le demande de nouveau, si le fond est bo
comment expliquer cette défaite? Il me parait impo
sible de ne pas l'attribuer au choix des moyens que vo
avez cru devoir mettre en œuvre, vous les chefs
l'école, pour appuyer votre propagande.

Ce n'est donc pas la chose que j'accuse ici, c'est au
hommes que je fais le procès.

Mais en quoi, direz-vous, ces moyens que vous crit
quez sont-ils donc si mauvais?

Je vous l'ai écrit dans une trop mémorable occasion
après l'insurrection de Juin, mais vous n'avez pas voul
m'entendre.

Dans votre comité de la rue de Beaune, ma lettre n'
guère excité que des murmures; et, parce que je n
vous flattais pas, parce qu'au lieu d'éloges, je vou
adressais des observations et quelques reproches, vou
avez dit que j'avais tort.

Pourquoi n'avez-vous pas fait le public juge de notr
dissentiment? Je vous y avais convié en vous autori
sant à publier ma lettre. Croyez-vous que je sois l
seul à penser ce que je vous ai écrit? Que je sois l
seul qui se soit éloigné, je ne dirai pas de l'idée pha
lanstérienne, mais des hommes de l'école? Pensez-vous
qu'il n'était pas utile d'éclairer une erreur qui, sui
vant les apparences, est partagée par un grand nombre,
de faire disparaître des scrupules que vous devez consi

dérer comme funestes ? en seriez-vous venus à ce point de politique rétrograde qui vous ferait croire qu'il y a quelquefois intérêt à dissimuler une partie de la vérité et à employer des voies détournées pour arriver au but ? Dans les transactions ordinaires de la vie sociale cela peut être nécessaire, j'en conviens. A une époque de fraudes et de mensonges, il faut aux habiles opposer l'habileté, et, tout en restant dans des voies honorables, on ne doit pas volontairement se soumettre au métier de dupe.

Mais lorsqu'il s'agit du triomphe des idées, lorsqu'on veut établir dans la société le règne de la moralité, je persiste à croire, monsieur, qu'il faut absolument se soumettre aux instincts de la conscience, qu'on ne doit pas marchander avec elle ; qu'il ne faut pas étouffer la contradiction, qu'on doit au contraire l'accueillir si elle est juste, la combattre au grand jour si on la croit funeste. En cette matière, je n'admets ni les ruses de la tactique, ni les exigences de l'esprit de parti.

Car vous aurez beau faire, vous subirez inévitablement les conséquences de votre propre parole : l'idée ne périra pas. Et, si vous ne voulez pas qu'elle paraisse sous l'égide de votre organe de publicité, les moyens ne lui manqueront pas de se répandre dans le monde.

Eh ! bien, monsieur, voici ce que je vous écrivais le 1er juillet, après les funestes journées de juin ; voici pourquoi, dès cette époque, je n'acceptais plus vos tendances.

Je vous disais :

« Il y a deux choses à faire dans une société pour obtenir le » mieux, montrer au riche ses fautes, au pauvre les siennes.

« Vous ne remplissez pas, et surtout depuis févrie
» cette mission avec sagesse, avec impartialité.

« Lorsque nous vivions dans un état social où le ric
» était oppresseur et le pauvre opprimé, il fallait, je
» conçois, frapper sur le premier plus fort que sur
» second ; là était la justice et j'étais avec vous.

« Lorsque au contraire les rôles ont été changés ; lo
» que le pauvre est devenu oppresseur, qu'il a menac
» et que d'incessantes tentatives ont montré chez lui ce
» déplorable tendance de recourir aux raisonnemer
» des coups de feu, vous avez continué à frapper imp
» toyablement le riche, à flatter outre mesure le pauvr
» vous êtes devenus injustes.

« Vous dites que l'affreuse guerre des journées
» juin était la guerre de la faim. Vous ne voulez p
» sans doute nous tromper, mais vous vous trompe
» car hélas ! beaucoup ont refusé le salaire du trava
» qui ont accepté celui de la guerre civile.

« Personne n'a été refusé aux ateliers nationaux. E
» modifiant leur organisation, voulait-on priver l'ouvri
» de son pain ? non, on voulait qu'il le gagnàt. On l
» ouvrait les rangs de l'armée, de l'armée utile, so
» pour la paix, soit pour la guerre.

« Le droit de vivre en travaillant est incontestable
» mes yeux, mais en travaillant, entendez-vous,
» travaillant.

« Or, combien n'y en avait-il pas dans ces ateliers q
» ne travaillaient pas et qui, pour ne pas travailler
» recevaient jusqu'à trois salaires ? Eh ! bien le leur ave
» vous reproché ? très faiblement. Avez-vous cherché
» moraliser, à transformer la paresse la premiè

» des plaies sociales ? presque pas. Toujours durs et im-
» pitoyables contre le riche auquel hélas ! les souffrances
» ne manquent pas aujourd'hui, vous avez gardé le
» silence sur les défauts du pauvre ; vous ne lui avez
» pas rendu le service de lui dire la vérité qui l'aurait
» éclairé ; vous avez été aussi avares à son égard de
» reproches sévères et mérités que vous avez été pro-
» digues à l'égard du riche de sinistres prédictions ; et,
» ainsi, vous avez surexcité les haines, vous avez tra-
» vaillé à la vengeance. »

Et puis, discutant avec vous la question de clémence
et de pardon, j'ajoutais :

« Dans notre milieu social dont vous vous plaignez à
» si juste titre, on ne doit pardonner qu'à la condition
» d'améliorer. Inutile dans une société bonne, le pardon
» pur et simple peut être funeste dans une société per-
» vertie. Pour un cœur généreux qui sait le comprendre,
» que de natures corrompues qui en abusent, qui ne
» voient en lui que de la faiblesse, qui n'y cherchent
» qu'un encouragement. Bornez-vous à pardonner au-
» jourd'hui, sans avoir fait comprendre au peuple
» toute l'horreur de ses forfaits, et à trois mois de date,
» je vous appelle au spectacle sanglant d'une nouvelle
« guerre civile.

« Parlez, messieurs, à la société telle qu'elle est,
» non telle que vous espérez qu'elle sera un jour. Sans
» cette condition vous ne prêcherez que dans le désert,
» car personne ne vous comprendra. Plus vous innocen-
» terez l'émeute, plus vous irriterez ceux qui l'ont com-
» battue. Cette conséquence est forcée, elle peut être
» terrible. Ce sentiment d'irritation est mauvais en soi,

» direz-vous. Eh! mon dieu, qui donc prétend le con-
» traire? Mais il ne s'agit pas de ce qui devrait être,
» s'agit de ce qui est. Avant qu'ils soient transformés
» accoutumez-vous à prendre les hommes tels qu'ils sont
» Remarquez donc bien qu'après les événements d
» Rouen, non seulement on a innocenté l'émeute, mai
» on a porté contre la garde nationale et l'armée l'accu
» sation d'assassinat. Et l'on voudrait avec un pareil lan
» gage rapprocher les citoyens et les initier au dogme d
» la fraternité! que ceux qui ne sont pas contents d
» suffrage universel, n'oublient pas cette grande vérit
» que tant que ce résultat les constituera à l'état d
» faible minorité, ils doivent, quoiqu'il leur en coûte
» renoncer à la puissance. Vainement ils chercheraien
» à l'obtenir par la force des armes ; l'expression du
» suffrage universel est une forteresse qu'il ne faut atta-
» quer que par les idées.

« Lorsque le peuple ne veut pas se prêter à l'orga-
» nisation sociale pacifique, lorsqu'il se fait destructeur,
» lorsque d'opprimé il devient oppresseur, lorsque pen-
» dant quatre jours il ensanglante la cité, le courage
» utile ne consiste pas à faire des discours de Rhéto-
» rique sur la magnanimité de la clémence, et à jeter
» un voile sur les balles machées et perfectionnées, sur
» les projections de liquides corrosifs, l'approvisionne-
» ment de matières incendiaires, sur les parlemen-
» taires assassinés, les prisonniers mutilés en détail, sur
» ces femmes, malheureuses victimes, jetées entre deux
» feux pour servir de bouclier à l'émeute, sur ces devises
» anti-sociales des drapeaux de l'insurrection; non, vous
» ne corrigerez pas ces crimes en les taisant; vous ne

» rassurerez pas les bons, vous n'améliorerez pas les
» méchants en gardant le silence. Jésus-Christ en expi-
» rant sur la croix n'a pas absous les deux criminels
» qui rendirent avec lui le dernier soupir; s'il appela
» le pardon de son père sur le coupable repentant,
» il a laissé s'accomplir sur le méchant la salutaire
» justice du châtiment. Prenez y garde, messieurs, ca-
» cher la faute c'est appeler la faute; se taire, dans ce
» cas, c'est un crime qui, pour n'être pas défini dans
» nos codes, n'en frappe pas moins la société au cœur.

« Concluez donc à la clémence, je le veux, mais ne
» vous abstenez pas pour cela de faire le procés au
» crime; flétrissez-le avec toute l'indignation d'un cœur
» honnête, accablez-le sous la reprobation de votre juste
» mépris ; et surtout, méfiez-vous du prestige de la
» popularité qui dévore les hommes et leurs bonnes
» intentions.

« Héros du phalanstère, à votre tour vous ne faites
» plus de l'association, vous dissolvez. Vous compromet-
» tez de jour en jour le succés de la brillante cause
» du bienfaiteur de l'humanité. Allez donc dans nos
» champs fertiles, constituer votre phalange avec ces
» hommes paresseux à l'atelier, ardents au coup de feu
» et vous changerez nos champs en déserts et vous n'au-
» rez organisé que le désordre et la misère. Régulari-
» sez donc votre force avant de la mettre en œuvre.

« Sans doute dans ces ames perverties, le principe
» du bien n'est pas anéanti; mais faites - le donc germer
» et prospérer en exaltant la vertu et conspuant le vice
» quelque part qu'il se trouve. N'assoupissez pas sous
» la cendre la flamme divine que le créateur alluma

« dans tous les cœurs, mais délivrez-la de toutes ses
« souillures.

« Rien ne manque aux récits effrayants et trop vrais
» que vous nous avez faits des turpitudes du riche, et je
» ne m'en plains pas. Mais vous n'avez presque rien tenté
» dans vos discours contre la barbarie du pauvre et vous
» ne prétendriez pas sans doute en présence des tortures de
» ces quatre sanglantes journées qu'il n'y a pas chez le
» pauvre de la barbarie. Quelle qu'en soit la cause, elle
» existe, or comprenez-vous que ce n'est pas en gardant
» le silence que vous la ferez disparaître.

« Depuis quatre mois, vous manquez à votre mission,
» vous ne faites plus de la démocratie pacifique. Vous flat-
» tez trop le prolétaire, vous n'avez presque rien fait pour
» l'améliorer. Ce n'est plus là de la paix, c'est de la guerre.

« Et vous aussi vous avez essayé de faire de l'ordre avec
» du désordre, le deuil de la capitale doit vous apprendre
» aujourd'hui comment ce système réalise le bonheur de
» l'humanité.

« Ah! puissiez-vous combattre avec succès l'opinion que
» quatre mois de lecture de votre journal m'ont donnée sur
» les tendances de votre rédaction. Si vous croyez à l'utilité
» d'une discussion publique sur les points que je viens de
» traiter, publiez ma lettre, je vous y autorise et répondez.
» Montrez que mes reproches ne sont pas fondés, je ne
» pleurerai pas sur ma défaite, je m'estimerai heureux
» au contraire de reprendre mes anciennes croyances, de
» revenir à l'idée première qu'elles ne sont pas de vaines
» illusions. Mais hâtez-vous, car ma confiance n'est pas
» la seule qui s'ébranle, ma sympathie n'est pas la seule
» qui s'éteigne. »

Depuis l'époque où cette lettre vous a été adressée, monsieur, avez-vous changé de conduite? Avez-vous essayé de résister à ce vain prestige de popularité qui semble incessamment vous entrainer à faire un éloge immodéré des excès démocratiques, à accepter sans observations, sans réserves toutes les déterminations qui se prennent dans le camp aujourd'hui si confus du socialisme? ce qui me reste à vous dire prouvera que, dans ma pensée, vous avez au contraire continué de vous engager dans cette voie fatale qui, de jour en jour, et de plus en plus, et malgré vous, doit vous pousser ou à l'impuissance ou à la révolte.

Eh! quoi, vous qui deviez conserver une place si honorable parmi les propagateurs des idées sociales; vous qui respectez la propriété et vénérez la famille; vous qui ne croyez pas que le talent soit commun à tous et qui par conséquent ne voulez pas que la rémunération soit la même pour tous; vous qui étiez en mesure de faire pénétrer dans le monde l'idée sociale par des voies pacifiques, qui aviez su faire accepter votre propagation par les classes élevées, par la monarchie elle-même; vous, dont quelques rieurs ont pu s'amuser, mais qui, loin d'être craints par les hommes sérieux, étiez aimés par beaucoup d'entre eux; vous enfin autour de qui s'était groupée une phalange d'intelligences remarquables et de dévouements éprouvés, vous voilà aujourd'hui, sacrifiant votre noble individualité, renonçant à toute glorieuse initiative, descendus dans la turbe du socialisme que vous aviez repoussée et combattue avec succès il y a un an; que vous deviez aspirer à diriger dans le mouvement révolutionnaire et qui vous traîne à sa remorque, criant plus haut que vous, vous imposant des lois, vous forçant d'appuyer un homme qui, de

votre aveu, n'a point d'idées sociales, dont vous n'ap
prouvez pas les vues politiques.

Et vous pensez qu'une telle conduite pourra long-temp
être prise au sérieux. Vous pensez que les hommes
cœur encore rattachés à vous par la puissance de l'id
phalanstérienne n'ouvriront pas enfin les yeux et ne re
connaîtront pas que vous vous êtes détournés de la bonr
voie, que vous, chargés de la propagation de cette idé
allez la faire sombrer dans un abîme? détrompez-vous, déj
l'expérience a assez parlé pour quelques uns, bientôt ell
aura éclairé tous les esprits.

Quelle a donc été votre conduite dans cette question d
la présidence qui vient de plonger tout le pays dans un
si profonde agitation ? Avez-vous planté votre drapea
d'une main ferme dans le terrain de l'incertitude popu
laire? Non, vous avez marché d'irrésolutions en irrésolu
tions, vous avez donné le désolant spectacle de l'indéci
sion et de la faiblesse.

Le 6 décembre vous écrivez :

« L'absence d'un candidat qui représente assez complè
» tement la cause démocratique et sociale pour réuni
» sans divisions les suffrages de tous les hommes dévoués
» cette cause ne doit empêcher aucun de nos amis d
» voter.

« Qu'ils y pensent bien ! s'abstenir ce serait, en dimi
» nuant le nombre des votans, abaisser le chiffre de la ma
» jorité absolue et concourir par conséquent, indirecte
» ment, mais efficacement au triomphe du *candida*
» *monarchique* à Louis-Napoléon Bonaparte, c'est-à-
» dire au renversement de la république.

« Au contraire, voter pour *n'importe qui*, pourvu que

» ce ne soit point pour Louis-Bonaparte, c'est diminuer la
» majorité de ce candidat, c'est concourir indirectement,
» mais efficacement à son insuccès, et par conséquent au
» maintien et au salut de la République !

« Or sauver la République, c'est sauver la seule forme
» de gouvernement qui puisse se prêter sans secousse au
» progrès des idées et des institutions et nous assurer par-
» conséquent, sans révolution nouvelle, le triomphe dé-
» finitif de la cause sociale et démocratique !

« Qu'on se le dise ! »

Le 9, ce n'était plus tout à fait de *n'importe qui* qu'il
était question, et vous disiez :

« Le nom de Ledru-Rollin nous a paru propre à servir
» de ralliement à la démocratie socialiste intéressée au-
» jourd'hui à faire le dénombrement de ses forces. Nous
» la conjurons vivement de ne pas s'abstenir.

« En excluant Napoléon nous prouvons que nous som-
» mes pacifiques.

« S'il n'obtient pas la majorité absolue, donnons à l'as-
» semblée, par notre attitude, le courage de le repousser
» par son vote. »

Or, je le demande, Napoléon repoussé, pour qui,
dans votre opinion, l'assemblée aurait-elle voté ? Pour
Cavaignac sans doute.

En engageant vos amis à voter pour n'importe qui,
pourvu que ce ne fut pas pour Louis Napoléon, n'é-
tait-ce pas ouvertement déclarer que vous acceptiez la
présidence du général Cavaignac ?

N'avez-vous pas ajouté, qu'agir ainsi, c'était sauver
la république, la seule forme de Gouvernement qui
puisse se prêter sans secousse au progrès des institu-

tions républicaines et assurer par conséquent sans révolution nouvelle le triomphe définitif de la cause sociale et démocratique ?

Ainsi :

Voter pour n'importe qui pourvu que ce ne soit pas pour Louis Napoléon,

Donner sa voix de préférence à Ledru-Rollin ; surtout, ne pas s'abstenir, parce que la république démocratique et socialiste est intéressée aujourd'hui à faire le dénombrement de ses forces,

Enfin repousser Louis Napoléon pour éviter le renversement de la République,

Voilà ce que vous avez dit, ce que vous avez appuyé, ce que vous avez recommandé avant le vote, et en cela, je le crois, vous avez obéi à l'entraînement de vos convictions, aux inspirations de votre conscience.

Or le 9, à l'heure même où vous écriviez un des passages que je viens de transcrire, une fraction importante du parti démocratique et social prend, dites-vous, une détermination complètement opposée à la vôtre ; cette fraction, contrairement à votre opinion, dit qu'il y a intérêt à se diviser ; au lieu d'accepter tout excepté Napoléon, comme vous le vouliez, elle, peu soucieuse de votre parole, se donne pour mot d'ordre, tout excepté Cavaignac; le 10 et le 11 les votes sont déposés, le 12 le triomphe du prince est constaté; et, le même jour, toujours traîné à la remorque par les ennemis de l'ordre, donnant un démenti à vos assertions de la veille, oubliant le lendemain ce que vous aviez recommandé hier, vous monsieur Considerant, vous le pivot du journal, vous le chef de l'école, vous vous écriez :

» A la condition que le parti démocratique ait du « bon sens et quelque sagesse de conduite, l'élection » de monsieur Bonaparte lui fait une position très forte, » depuis long-temps j'ai compris que cette élection que » j'avais prophétisée serait le salut du parti démocratique.»

Avant tout, je le déclare, je ne peux voir dans ces assertions qu'une imperturbable outrecuidance. Mais, si votre parole est sincère, si depuis longtemps telle était votre conviction, vous ne disiez donc pas la vérité à vos amis quand vous les engagiez la veille à voter pour *n'importe qui,* pourvu que ce ne fût pas pour Louis Napoléon.

De deux choses l'une, ou vous trahissiez de propos délibéré le parti démocratique et social, ou vous doutiez fortement que ce parti eût du bon sens et de la sagesse. Dans ce dernier cas, d'ailleurs, vous nous permettrez sans doute de ne pas nous montrer très-désireux de l'accepter pour maître.

Hé quoi ! l'élection de monsieur Bonaparte fait une position très-forte à ce parti, elle doit être son salut et vous disiez, avant le vote, choisissez n'importe qui pourvu que ce ne soit pas Louis Bonaparte !

Quant à cette manœuvre stratégique qui excite votre admiration et qui doit, dites-vous, faire votre force, si elle n'est pas un moyen imaginé après le combat pour dissimuler l'importance de la défaite, savez-vous ce que j'y vois de plus clair, moi qui ai peu de goût pour toutes ces prétendues ruses de guerre ; j'y vois que ce parti que vous appelez démocratique et que je serai en droit d'appeler le parti de l'anarchie tant qu'il procédera par voie d'insurrection armée, que ce parti, dis-je, était encore plus sûr de sa ruine sous l'épée de Cavaignac, que sous le prestige du nom impérial.

Poursuivons :

Le 9 vous avez déclaré qu'en excluant Napoléon vous prouviez que vous étiez pacifique. Ne me sera-t-il pas permis d'en conclure que le 12, après la victoire du Prince, et Cavaignac exclu, vous voulez être belliqueux? Dites, monsieur, est-ce en effet dans la guerre que vous chercherez cette force que l'élection du Prince doit vous donner? Est-ce par la guerre que le parti démocratique doit réaliser ce salut que vous lui promettez? Et si vous vous récriez contre cette conclusion, ne serai-je pas en droit de vous demander ce que définitivement et désormais vous voulez être? Opposant avant la bataille, serait-ce simplement un rallié qu'il faudrait voir en vous après que le vote a prononcé? Et recommencerez-vous auprès du Prince élu ces démarches restées infructueuses auprès du chef qui se retire?

Le 6 vous déclarez que voter pour Cavaignac, c'est sauver la République, c'est sauver la seule forme de gouvernement qui puisse se prêter sans secousse au progrès des idées et des institutions, et nous assurer par conséquent, sans révolution nouvelle, le *triomphe définitif* de la cause sociale et démocratique.

Et le 12, après la victoire du prince, je le répète, vous osez nous dire :

« Cavaignac président, dans les circonstances ac-
» tuelles, à la suite de sa déplorable politique de recu-
» lades à l'extérieur et à l'intérieur, c'était la division,

» la faiblesse et *la ruine* du parti de la démocratie.»

En vérité, je vous le demande, est-ce au bon sens ou à la probité politique que vous venez ainsi faire défaut ? Quelle opinion vous êtes-vous donc faite de l'intelligence de vos lecteurs ? Penseriez-vous, monsieur, qu'en moins d'une semaine les ressorts de leur mémoire ont produit tout leur effet ?

Poursuivons encore :

Le 9, dans votre avis aux électeurs, vous constatez qu'en votant pour tout autre candidat que Napoléon, ils voteront pour la République, pour l'ordre, *pour la dignité de la France à qui ils épargneront la risée de l'Europe entière.*

Vous rappelez ainsi ce mot devenu fameux d'un petit homme qui a toujours aspiré à devenir grand, très grand, le plus grand possible : l'élection du prince Louis serait une honte pour la France !

Et le 12, après la victoire du prince, je le répète encore, voici ce que vous dites du candidat que vous lui préfériez :

« Le peuple exhale sa colère contre Cavaignac dans » tous les quartiers de Paris. Cette réaction est méritée » au fond parce que Cavaignac, non point, je le crois » sincèrement, par un calcul d'ambition personnelle, » mais par la petitesse de sa politique et la faiblesse de » son caractère et de son coup d'œil a trahi au dedans et » au dehors la cause de la révolution.

Trahi! Ah! monsieur, pour un homme qui se dit pacifique, c'est là un mot peu généreux à l'égard de celui qui pendant cinq mois a eu tout au moins le mérite de maintenir la paix des rues. Est-ce que la tra-

hison consisterait pour vous à empêcher que l'émeu
envahisse la cité? Si encore vous aviez adressé ce r
proche au général avant sa chute! Mais non; ava
cette chute, voter pour n'importe qui, même po
Cavaignac, c'était sauver la république; après sa d
faite au contraire, Cavaignac a trahi au dehors et a
dedans la cause de la révolution; la réaction qui
manifeste contre lui est méritée, le peuple exhale
colère! Or le peuple, votre peuple veux-je dire, cel
auquel vous tenez pardessus tout à être agréable,
saurait avoir tort n'est-il pas vrai? Flatterie que to
cela, monsieur! toujours de la flatterie, toujours c
imprudent et immodéré besoin de popularité.

Mais si réellement Cavaignac est un traître, que ne
disiez-vous dès le 9 ? Et nous aussi qui croyons être r
publicains sincères, nous aurions voté avec vous pou
Napoléon; nous aurions contribué pour notre part
grossir le nombre déjà si immense de suffrages qui s'es
rattaché à cette candidature ; et cela, afin que cette élec
tion renforcée des quinze-cent-mille voix données à Ca
vaignac put réaliser avec plus d'efficacité encore, et
tout jamais, le salut de votre parti protégé.

Avec quel imposant appareil de grandeur et de puis
sance le parti démocratique ne se serait-il pas en effe
montré au monde, lorsque, conformément à vos désirs
Cavaignac étant mis à l'écart, et les voix destinées
Ledru-Rollin et à Raspail se portant toutes sur le prince
Louis, le résultat du scrutin aurait annoncé à la France
que le nom de Napoléon avait réuni l'unanimité des
suffrages! Quelle force imposante votre parti aurait pui
sée dans ce fait ! Quel stupéfiant triomphe! Que dis-je!

Ce n'est plus alors de votre force , ce n'est plus de votre salut seulement qu'il aurait été question sans doute , c'est votre avènement immédiat , votre règne éternel que l'urne électorale aurait proclamé !

Et dire que si tout cela n'est pas arrivé c'est par votre faute. Ah! que n'avez-vous parlé dès la veille au lieu de remettre vos explications au lendemain. Mais il paraît qu'en matière de révolutions il en est toujours ainsi ; ce n'est que le lendemain qu'on apprend à bien connaître les hommes de la veille.

Oui, monsieur, instruits par votre prophétique parole, nous aurions renié avec vous cet homme qui a trahi au dedans et au dehors la cause de la révolution , nous aurions avec vous repoussé cette élection qui devait compromettre la dignité de la France et nous rendre plus encore que celle de son concurrent la risée de l'Europe entière.

Enfin vous nous dites le 9 qu'on ne doit pas s'abstenir, que la démocratie socialiste est intéressée aujourd'hui à faire le dénombrement de ses forces,

Et le 12 , toujours après la victoire du prince , vous applaudissez à ces masses immenses de républicains qui ont préféré voter pour Napoléon plutôt que de porter un de leurs candidats , *de crainte de faire passer Cavaignac,* (ce n'est pas moi, veuillez le remarquer, c'est vous qui avez souligné l'expression de la crainte que vous inspire Cavaignac) des députations d'ouvriers, dites-vous , sont venues prévenir Ledru-Rollin , le 9, de cette résolution qui s'est répandue avec la rapidité d'une *panique* (c'est bien moi maintenant qui appelle l'attention du lecteur sur votre panique).

L'utilité du dénombrement des forces de la démo
cratie socialiste, convenez-en monsieur, n'a donc pa
été d'une bien longue durée. Née dans vos colonnes dau
la matinée du 9, elle succombait dans la soirée du mêm
jour sous la volonté d'un parti dont vous aviez la naïvet
de vouloir faire le dénombrement, et qui, plus habil
que vous, ne se soucie pas, lui, qu'on puisse le compter
qui se joue de vos paroles et de vos avis, mais don
vous respectez humblement les décrets, quelle que so
l'humiliation dont ils doivent vous couvrir, quels qu
soient les démentis qu'ils vous imposent.

Est-ce assez de contradictions comme cela, monsieur
il est possible que dans vos écrits du lendemain vou
trouviez, vous, la confirmation de votre opinion de l
veille; moi j'y trouve tout, excepté la vérité.

Certes je m'associe complètement à votre pensée lor
que vous dites :

» Donc, pas de violences!
» Que les ardents, les emportés évitent les pièges d
» la rue, les excitations, les émeutes et que la démo
» cratie fasse vigoureusement elle-même la police d
» bon ordre en condamnant plus énergiquement qu
» personne les mauvaises têtes et les brise-raison, s'i
» en est qui veuillent pousser à la force. Il faut qu'ell
» donne au pays des garanties sérieuses d'ordre, auss
» bien que ses sentiments lui donnent des garanties d
» progrès. »

Voilà de belles et bonnes paroles, j'en conviens; voilà
de salutaires avis. Oui, que la démocratie donne au
pays des garanties sérieuses d'ordre, et à son tour le
pays lui donnera des garanties sérieuses de bien être.

Dans cet échange mutuel de concessions la démocratie et le pays trouveront à l'avenir une prospérité que les moyens employés depuis février, nous en avons fait la triste expérience, ont été impuissants à réaliser.

Mais hélas! Ce langage ne serait-il que pour la forme, et n'y aurait-il pas autre chose au fond? Est-ce en vérité la même pensée de conciliation que celle que je trouve exprimée en ces termes dans votre feuille du lendemain :

« Maintenant, braves gens, (la bourgeoisie) conti-
» nuez de rire; sachez seulemeut que votre aveugle op-
» position à toute espèce de transformation sociale, à
» tout essai même d'améliorations a irrité les masses
» ouvrières au plus haut dégré contre la propriété ,
» contre le capital ; sachez qu'on ne parle plus dans
» beaucoup d'ateliers *d'associer* le capital, mais bien
» de le détruire, et que si le principe impérissable de
» la propriété individuelle subit une éclipse temporaire,
» la responsabilité principale en retombera sur vous ,
» ignorants, égoïstes, qui n'aurez pas su vous rallier à
» temps à cette formule aussi conservatrice que pro-
» gressive : association libre et volontaire du capital, du
» travail et du talent. »

Hé quoi! hommes pacifiques, c'est de la destruction du capital qu'il s'agit, c'est contre le principe de la propriété qu'un complot se forme dans beaucoup d'ate-liers, et une si immense calamité ne fait sortir de votre bouche que les mots d'ignorance et d'égoïsme jetés contre la bourgeoisie! Et votre parole ne s'élève pas pour flé-trir une si coupable tentative de la force brutale contre le droit!

C'est au moment où vous vous dites grands et puissants, c'est lorsque l'élection qui vient d'être consommée, vous l'avez déclaré vous-mêmes, fait une position très-forte à votre parti que vous jetez l'injure au parti opposé. C'est lorsque cette élection doit être le salut du parti démocratique que vous semblez applaudir dans ce parti les idées de destruction et de pillage.

Voyez comme en 24 heures vous changez de ton et de langage. Hier vous prêchiez le calme, aujourd'hui vous employez la menace. Hier vous disiez au peuple, pas de violences! Aujourd'hui qu'une partie de votre peuple ne veut pas écouter vos conseils, vous n'essayez même pas de le maintenir dans les voies de la modération, vous injuriez la bourgeoisie.

Votre fameuse déclaration du 12, monsieur, commence en ces termes :

» A la condition que le parti démocratique ait du bon
» sens et quelque sagesse de conduite, l'élection de mon-
» sieur Bonaparte lui fait une position très forte.»

Or dès ce lendemain, menacer la bourgeoisie de la destruction du capital, de l'anéantissement de la propriété, puis la traiter d'ignorante et d'égoïste, et ne pas adresser un reproche, ne pas donner un sage conseil à tout ce vandalisme d'atelier qui veut anéantir et détruire, est-ce là, je vous le demande, mettre du bon sens dans ses discours, de la sagesse dans sa conduite ?

Continuez encore quelque temps, monsieur, de faire usage d'un bon sens aussi éclairé, d'une sagesse aussi conciliatrice et vous verrez dans quelques mois comment vous aurez réalisé la prospérité du peuple en général et celle de votre école en particulier.

Recevez, Monsieur, etc.   F. VALLÈS.

Figeac, le 17 décembre 1848.